Die Geschichte vom Volk das die Bäume umarmte

Eine Sage von Menschen, die ihre Umwelt lieben

Neugestaltung einer Legende aus Rajasthan
von Deborah Lee Rose
Mit Bildern von Birgitta Säflund

Ansata-Verlag
Rosenstraße 24
CH-3800 Interlaken

Titel der Originalausgabe:
THE PEOPLE WHO HUGGED THE TREES
Erschienen bei Roberts Rinehart, Inc. Publishers
Post Office Box 666 Niwot, Colorado 80544, USA
und Roberts Rinehart International
c/o Mizen Books, Schull, West Cork, Irland
Copyright © 1990 des Textes by Deborah Lee Rose
Copyright © 1990 der Illustrationen
by Birgitta Säflund

Deutsche Ausgabe:
Copyright © 1991 by Ansata-Verlag, Interlaken
Alle Rechte vorbehalten
Satz: Jung SatzCentrum, Lahnau
Druck: Kösel, Kempten/Allgäu

ISBN 3-7157-0146-3

Ansata-Verlag

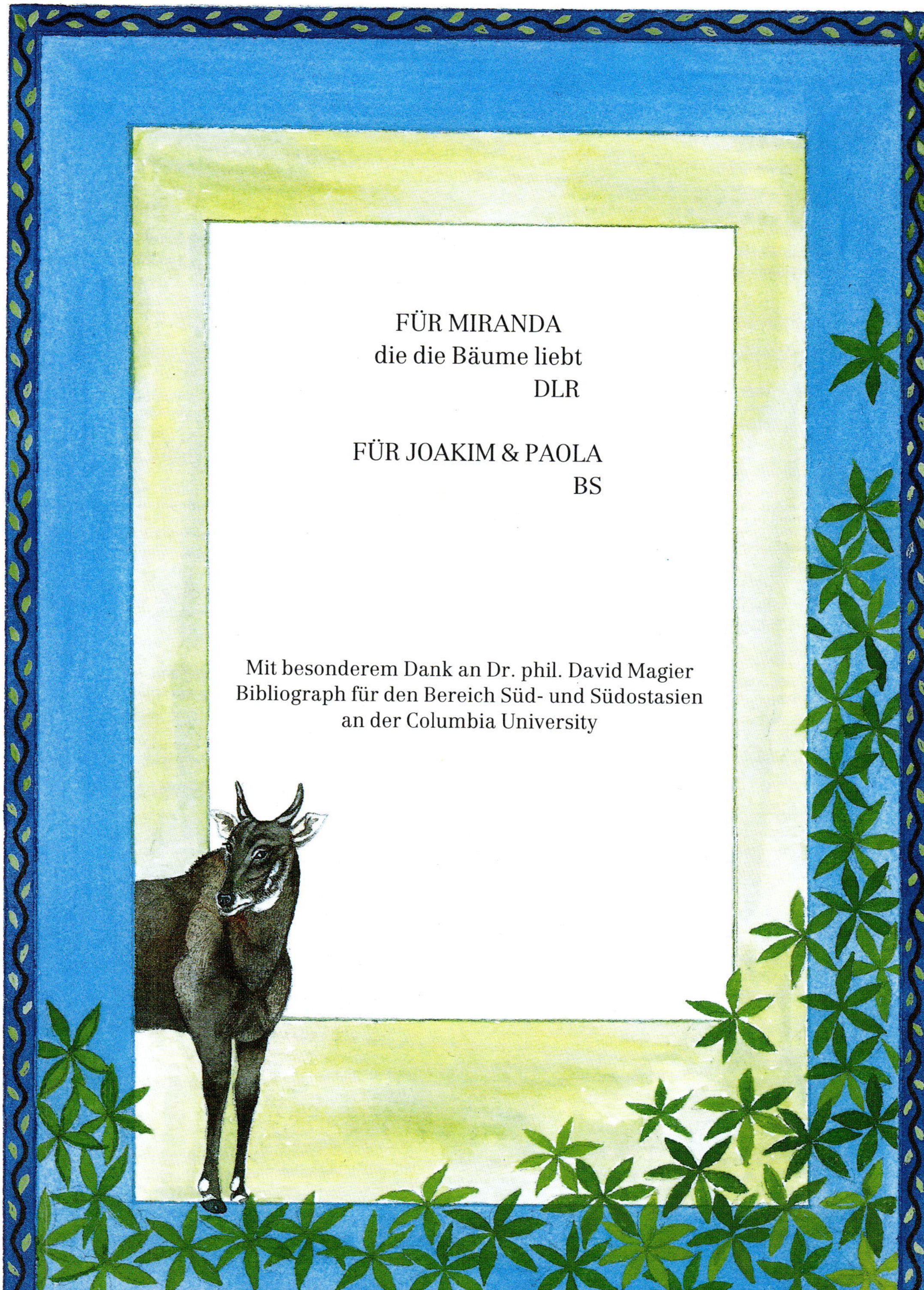

FÜR MIRANDA
die die Bäume liebt
DLR

FÜR JOAKIM & PAOLA
BS

Mit besonderem Dank an Dr. phil. David Magier
Bibliograph für den Bereich Süd- und Südostasien
an der Columbia University

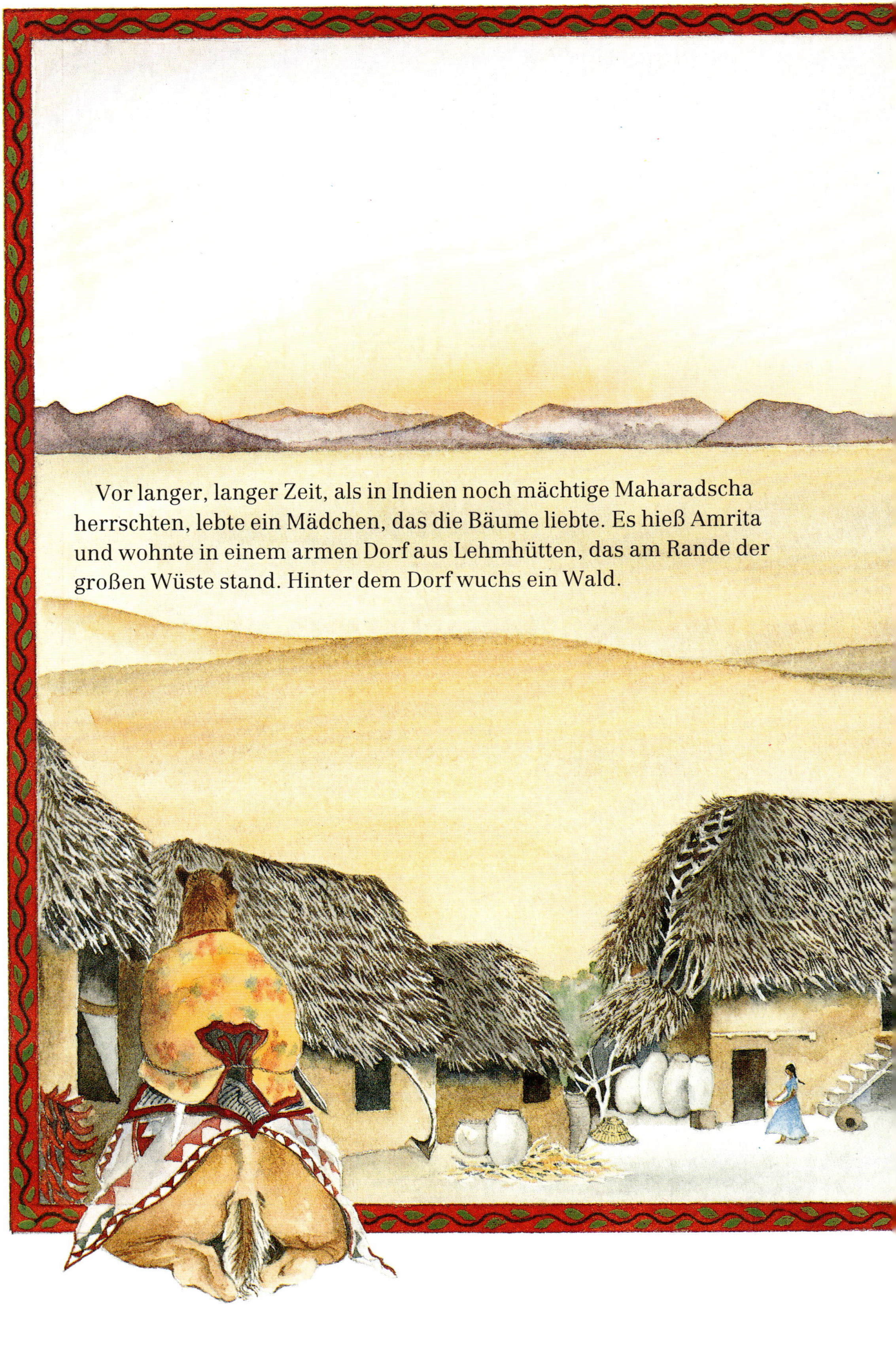

Vor langer, langer Zeit, als in Indien noch mächtige Maharadscha herrschten, lebte ein Mädchen, das die Bäume liebte. Es hieß Amrita und wohnte in einem armen Dorf aus Lehmhütten, das am Rande der großen Wüste stand. Hinter dem Dorf wuchs ein Wald.

Jeden Tag lief Amrita in den Wald; dabei tanzte ihr langer, schwarzer Zopf auf ihrem Rücken hin und her.

Sie suchte ihren Lieblingsbaum und schlang die Arme um ihn. „Du lieber Baum", rief sie, „du bist so groß, und wie sind deine Blätter so grün! Wie könnten wir ohne dich leben?" Denn Amrita wußte, daß die Bäume mit ihrem Schatten Schutz boten vor der brennenden Sonne. Die Bäume schützten sie vor den heulenden Sandstürmen der Wüste. Und wo Bäume wuchsen, da gab es auch reines Wasser, das für die Bewohner des Dorfes so kostbar war.

Ehe Amrita den Wald wieder verließ, küßte sie ihren Baum und flüsterte: „Lieber Baum, wenn du einmal in Gefahr bist, will ich dich auch beschützen."

Der Baum antwortete ihr mit einem leisen Rauschen seiner Blätter.

Eines Tages kurz vor der Regenzeit wirbelte ein gewaltiger Sandsturm durch die Wüste. Innerhalb von Minuten war es überall dunkel wie in der Nacht. Blitze durchzuckten den Himmel, und der Wind peitschte gegen die Bäume. Amrita lief nach Hause, so schnell sie konnte. Von innen hörte sie, wie der Sand gegen die Fensterläden prasselte. Als der Sturm sich gelegt hatte, war überall Sand – in Amritas Kleidern, in ihrem Haar, ja sogar in ihrem Essen.

Aber sie war in Sicherheit, und die anderen Dorfbewohner auch, denn die Bäume hatten den schlimmsten Schaden abgehalten.

Je größer Amrita wurde, desto mehr wuchs ihre Liebe zu den Bäumen. Bald hatte sie selbst Kinder und ging mit ihnen in den Wald.

„Das sind eure Brüder und Schwestern“, sagte sie zu ihnen. „Sie bieten uns Schatten vor der heißen Wüstensonne. Sie schützen uns vor den schrecklichen Sandstürmen der Wüste. Und bei ihnen finden wir das köstliche Wasser“, erklärte sie. Dann ermunterte sie ihre Kinder, die Bäume zu umarmen, wie sie selbst es immer tat.

Jeden Tag, wenn Amrita aus dem Wald kam, holte sie Wasser aus dem Dorfbrunnen. Sie trug das Wasser in einem großen Tonkrug, den sie auf ihrem Kopf balancierte.

Als Amrita eines Morgens am Brunnen stand, sah sie, wie mit schweren Äxten bewaffnete Männer auf den Wald zumarschierten. „Fällt alle Bäume, die ihr hier findet“, hörte sie den Anführer sagen. „Der Maharadscha braucht viel Holz, um seine neue Festung zu bauen.“

Der Maharadscha war ein mächtiger Fürst, der über viele Dörfer herrschte. Sein Wort war Gesetz. Amrita bekam Angst. „Die Holzfäller werden unseren Wald zerstören“, fuhr es ihr durch den Sinn. „Und dann haben wir keinen Schatten mehr und sind den Sandstürmen ausgeliefert. Und müssen verdursten, denn in der Wüste gibt es kein Wasser!“ Amrita lief in den Wald und versteckte sich. In ihrem Versteck hörte sie, wie die Äxte mit Krachen in ihre geliebten Bäume hineinfuhren.

Plötzlich sah Amrita, wie der Anführer vor ihrem Lieblingsbaum stand und mit der Axt ausholte.

„Bitte, diese Bäume nicht!“ rief sie, sprang aus ihrem Versteck und stellte sich vor ihren Baum. „Scher dich weg!“ donnerte der Holzfäller. „Laß meinen Baum leben“, bettelte Amrita. „Schlag lieber mich tot.“ Der Holzfäller stieß sie beiseite und holte wieder mit der Axt aus.

Er sah nur den Baum, den er fällen sollte. Immer wieder schlug er zu, bis Amritas Baum zu Boden stürzte. Weinend kniete Amrita nieder. Zärtlich schmiegte sie sich an die Äste des sterbenden Baumes.

Als die Dorfbewohner hörten, was mit Amritas Baum geschehen war, kamen sie alle in den Wald gelaufen – Männer, Frauen und Kinder. Schnell sprang ein jeder vor einen Baum und umarmte ihn. Wo die Holzfäller auch zuschlagen wollten – überall standen ihnen die Dorfbewohner im Weg.

„Das werde ich dem Maharadscha melden", drohte der Anführer.

Doch die Dorfbewohner wichen nicht von der Stelle.

Der Maharadscha war sehr wütend, als die Holzfäller mit leeren Händen zurückkehrten. „Wo ist denn das Holz, das ihr holen sollt?“

„Eure Majestät, wir haben es ja versucht, die Bäume für Eure Festung zu fällen“, antwortete der Anführer. „Doch überall, wo wir hinkamen, haben die Dorfbewohner ihre Bäume umarmt, und wir konnten nicht an die Bäume heran.“

Der Maharadscha ließ sein Schwert durch die Luft sausen. „Diesen Ungehorsam werden sie mir büßen!“ Er stieg auf sein schnellstes Pferd und ritt auf den Wald zu. Viele Soldaten folgten ihm auf langbeinigen Kamelen und auf Elefanten, deren Stoßzähne mit Juwelen verziert waren.

Als der Maharadscha ankam, hatten die Dorfbewohner sich am Brunnen versammelt.

„Wer wagt es, sich meinem Befehl zu widersetzen?“ fragte der Maharadscha. Amrita zögerte einen Augenblick. Dann trat sie einen Schritt vor.

„O Fürst, wir können nicht zulassen, daß die Holzfäller unseren Wald zerstören“, sagte sie. „Diese Bäume spenden uns Schatten in der glühenden Wüstensonne. Sie schützen uns vor den Sandstürmen, die sonst unsere Ernte vernichten und unser Dorf unter sich begraben. Und sie zeigen uns, wo wir das kostbare Trinkwasser finden.“

„Ohne diese Bäume kann ich keine mächtige Festung bauen!“ beharrte der Maharadscha.

„Ohne diese Bäume können wir nicht überleben“, erwiderte Amrita.

Der Maharadscha blitzte sie zornig an. „Schlagt zu“, befahl er seinen Soldaten.

Als die Soldaten ihre Schwerter zückten, liefen die Dorfbewohner in den Wald. Die Soldaten rückten immer näher. Der Sand wirbelte ihnen um die Füße, und in den Baumwipfeln begannen die Blätter immer lauter zu rascheln. Kaum hatten die Soldaten den Wald erreicht, erhob sich ein tosender Wind aus der Wüste und trieb ihnen so viel Sand in die Augen, daß sie kaum noch etwas sehen konnten.

Die Soldaten flüchteten vor dem Sturm und suchten Schutz hinter den Bäumen. Amrita klammerte sich an ihren Lieblingsbaum, und die anderen Dorfbewohner verbargen ihre Gesichter in den Händen. Donnerschläge ließen den Wald erzittern. Das war der schlimmste Sturm, den sie je erlebt hatten. Als der Wind sich endlich gelegt hatte, wagten sie sich langsam aus dem Wald hervor.

Amrita strich sich den Sand aus den Kleidern und sah sich um. Überall lagen abgebrochene Äste verstreut. Der Boden war mit Getreideähren übersät, die der Sturm von den Feldern gerissen hatte.

Rund um den Dorfbrunnen türmten sich Berge von Sand, und Amrita sah: Es waren die Bäume, die den Brunnen und den Rest des Dorfes vor der Zerstörung bewahrt hatten.

Hinter dem Brunnen stand der Maharadscha und blickte sinnend zum Wald hinüber. Er dachte lange nach. Dann sprach er zu den Dorfbewohnern:

„Es zeugt von großer Tapferkeit und Weisheit, daß ihr euren Wald beschützt habt. Von heute an soll niemand mehr eure Bäume fällen“, versprach er.

„Euer Wald soll für immer eine grüne Insel in der Wüste sein.“

Als die Dorfbewohner das hörten, jubelten sie vor Freude. Sie sangen und tanzten bis spät in die Nacht und erleuchteten den Himmel mit Feuerwerk.

Im Wald schmückten die Kinder die Äste der Bäume mit bunten Girlanden. Und den Platz, wo Amritas Baum gefällt worden war, weihten sie seinem Gedenken, um das große Opfer des Baumes nie zu vergessen.

Viele Jahre sind seither vergangen; doch manche Leute sagen, Amrita komme auch heute noch in den Wald, um die Bäume zu umarmen.

„Ihr lieben Bäume", hört man sie flüstern, „ihr seid so stattlich, und eure Blätter sind so grün! Wie könnten wir ohne euch leben?"

Denn Amrita weiß, daß die Bäume den Menschen Schatten vor der heißen Wüstensonne geben.

Die Bäume beschützen die Menschen vor den heulenden Sandstürmen.

Und wo Bäume wachsen, da gibt es auch Wasser, und man kann gut dort leben.

In der ursprünglichen Legende wird erzählt, daß Amrita Devi und noch mehrere hundert andere Dorfbewohner ihr Leben opferten, um ihren Wald zu schützen. Das ist jetzt schon fast drei Jahrhunderte her. Zum Andenken an ihr Opfer hat die indische Regierung das Dorf Khejare in Rajasthan zum ersten Umweltdenkmal Indiens ernannt.

Heute kämpfen die Menschen in Indien immer noch um die Erhaltung ihrer Umwelt. Eine der engagiertesten Umweltschutzgruppen ist die Chipko-Bewegung („Chipko" bedeutet soviel wie „Umarmt den Baum"). Ihre Mitglieder leisten gewaltlosen Widerstand gegen das Fällen von Bäumen.

Im Jahr 1987 erhielt die Chipko-Bewegung den berühmten Alternativen Nobelpreis für „ihre Bemühungen um die Erhaltung, Wiederherstellung und ökologisch verantwortungsbewußte Nutzung der Naturschätze Indiens."